NOTICE

SUR LA

SITUATION ACTUELLE DE LA MARINE

EN ALGÉRIE

COMPARÉE A CELLE DE DIFFÉRENTES ÉPOQUES

DEPUIS LA CONQUÊTE

ALGER

IMPRIMERIE DE L'ASSOCIATION OUVRIÈRE V. AILLAUD ET Cⁱᵉ

1878

NOTICE

SUR LA

SITUATION ACTUELLE DE LA MARINE

EN ALGÉRIE

COMPARÉE A CELLE DE DIFFÉRENTES ÉPOQUES

DEPUIS LA CONQUÊTE

ALGER

IMPRIMERIE DE L'ASSOCIATION OUVRIÈRE V. AILLAUD ET Cⁱᵉ

1878

NOTICE

SUR LA

SITUATION ACTUELLE DE LA MARINE

EN ALGÉRIE

COMPARÉE A CELLE DE DIFFÉRENTES ÉPOQUES

DEPUIS LA CONQUÊTE

I

Pour se rendre un compte exact des progrès accomplis par la Marine en Algérie, il faut se rappeler qu'après 1830 et la destruction des bateaux turcs et algériens, il ne restait absolument dans ses eaux que les navires de guerre français qui, après avoir puissamment aidé à la conquête, continuaient leur œuvre en reliant la France à sa nouvelle possession, en surveillant les côtes encore insoumises et en transportant sur tous les points où il devenait nécessaire, des hommes, des munitions et des ravitaillements.

Tout était donc à créer.

Ce ne fut qu'assez longtemps après, lorsque les villes du littoral commencèrent à se peupler et que le commerce naissant ressentit le besoin de communications plus fréquentes, qu'un cabotage commença à s'établir entre les différents ports qui n'avaient alors d'autre moyen de communication entr'eux que la mer.

On fit appel aux caboteurs français; mais ceux-ci reculèrent devant les difficultés et les dangers d'une navigation pour eux pleine d'inconnu.

Cependant, devant l'impossibilité d'effectuer des transports par terre et l'impérieux besoin d'alimenter l'armée et la population européenne venue des pays circonvoisins, on dut s'estimer heureux de voir des marins étrangers, plus aventureux que nos nationaux, commencer ce cabotage qui se fit d'abord sous tous les pavillons et avec toutes sortes de bateaux.

En 1836, un arrêté du Gouverneur général des possessions françaises du Nord de l'Afrique imposa aux bateaux caboteurs étrangers l'obligation de naviguer sous pavillon français. Ces bateaux devaient en outre être armés en France ou dans les Colonies françaises.

Depuis, et progressivement, la navigation sur les côtes d'Algérie a été francisée et assimilée à peu près au cabotage français. Mais elle est restée entre les mains des marins étrangers qui, les premiers, avaient osé l'entreprendre, car, même aujourd'hui, les marins français ne font pas cette navigation.

Il est donc juste de payer un tribut d'éloges à ces premiers marins étrangers qui aidèrent beaucoup plus à la colonisation qu'on ne le croit généralement. Leur seul mobile était l'intérêt, sans doute ; mais si quelques-uns d'entre eux, un assez grand nombre même, sont parvenus à voir leur entreprise couronnée de succès, ce n'a pas été sans des difficultés et des périls qu'il faut leur savoir gré d'avoir vaincus, car leur œuvre a profité au pays.

II

Telle est donc l'origine de la marine qu'on peut appeler ALGÉRIENNE, mais qui ne répondait qu'à une partie des besoins, car les communications avec la France étaient au moins aussi nécessaires que les relations entre les divers ports de la colonie.

Les bâtiments de l'Etat, furent d'abord, et pendant longtemps encore, les seuls qui firent un service régulier de transport de dépêches et de passagers entre Toulon et Alger.

Mais, à côté d'eux, beaucoup de navires du commerce commençaient les transports de marchandises, d'abord entre la France et Alger, puis, peu à peu, et à mesure que les circonstances l'exigeaient, entre la Métropole et les différents ports Algériens.

Plus tard, des compagnies françaises de navigation à vapeur se substituèrent aux bâtiments de guerre dans le service périodique de la ligne de France, et, enfin, prirent le service régulier de la côte que des navires de l'Etat avaient effectué jusqu'au milieu de 1866.

Aujourd'hui la navigation commerciale a pris un développement considérable, eu égard à ses commencements et au peu de temps écoulé depuis. Indépendamment des paquebots qui font un service régulier, beaucoup de navires à vapeur et à voiles de toutes nations entretiennent entre l'Algérie, la France, l'Espagne, l'Angleterre, l'Italie, etc., un trafic considérable. Certaines maisons de commerce d'Alger reçoivent même des cargaisons par navires affrétés par elles en Amérique.

Il y a bien loin, on le voit, du mouvement maritime commercial actuel à ce qu'il était il y a peu d'années encore. Cette progression est proportionnelle à la prospérité de l'Algérie dont les richesses sont de plus en plus exploitées. La population augmente, les cultures deviennent plus considérables, des minerais sont découverts, des produits naturels sont exploités, des chemins de fer et des routes mettent en communication l'intérieur et les ports de mer, les importations et exportations, conséquence naturelle de cette prospérité, prennent une importance qui ne peut que s'accroître et accroître en même temps le mouvement maritime.

III

Il devient nécessaire d'entrer dans quelques détails pour faire ressortir toute l'importance de la navigation en Algérie.

Nous donnons, ci-après, quelques renseignements statistiques qui présentent :

Le matériel de la navigation, c'est-à-dire les navires de tous tonnages, les embarcations, bateaux de pêche, etc., etc., immatriculés en Algérie ou servant dans ses ports ;

Le nombre d'armements effectués à différentes époques ;

Le nombre de marins inscrits en Algérie, également à différentes époques ;

Le mouvement de la navigation actuelle, comparé à certaines périodes précédentes ;

Quelques indications sur les constructions maritimes ;

L'importance comparée des services réguliers entre l'Algérie et l'Europe et entre les ports de la Colonie ;

Le matériel de sauvetage existant en Algérie.

IV

Le matériel de navigation existant dans les différents ports de l'Algérie au 31 décembre 1877, se composait de :

Bâtiments armant au long-cours..		3	jaugeant	904	tx.
id.	au cabotage ...	130	—	5.622	
id.	au bornage....	125	—	974	
id.	à la pêche.....	1.422	—	6.186	
Bateaux de plaisance		321	—	445	
Alléges, chalands et bateaux de servitude		385	—	6.784	tx.
Total........		2.386	jaugeant	20.915	tx.

Dans ce nombre ne sont pas compris les embarcations et chalands de l'Etat, en service dans les 13 directions de port, ni les bâtiments faisant partie de la station navale. Ces derniers sont au nombre de trois :

Un croiseur a la disposition du Gouverneur général,

Un batiment transport,

Et un brick stationnaire.

Etant donné qu'il n'existait rien au moment de la conquête, on voit que l'Algérie s'est enrichie, dans une période moins que demi-séculaire, de 2,386 navires, bateaux, embarcations, etc., portant environ 21,000 tonneaux.

Il serait difficile d'établir aujourd'hui si cet accroissement s'est produit d'une manière lente et continue, ou si, à certains moments, et par l'effet de certaines circonstances, des augmentations subites ont eu lieu. Cette dernière hypothèse paraît plus probable ; mais il n'est guère possible de préciser. Cette question, du reste, n'offre qu'un intérêt secondaire.

V

Le nombre des bateaux de toutes sortes, armés dans les différents ports de l'Algérie pendant l'année 1877, est de 1489, se décomposant ainsi :

Armements au long-cours	. .. .	2
Id.	au cabotage.............	127
Id.	au bornage.............	123
Id.	à la pêche { du poisson....	974
	{ du corail	263
		1489

En 1866, le nombre des armements ne s'était élevé qu'à 895, tout compris. En 1872, ce nombre était de 1155.

Il y a donc, entre 1866 et 1877, un écart de 594 bateaux armés en plus dans la colonie.

VI

Les équipages de ces bateaux sont recrutés parmi des marins, pour la plupart de nationalité étrangère, fixés et immatriculés en Algérie.

Leur nombre s'élève aujourd'hui à 5,580, se répartissant ainsi :

Patrons	Français ou naturalisés.	253	312
	Indigènes	27	
	Etrangers	32	
Matelots	Français ou naturalisés.	774	4.612
	Indigènes	472	
	Etrangers	3.369	
Mousses	Français ou naturalisés.	222	656
	Indigènes	17	
	Etrangers	417	
		En tout	5.580

En 1866, on ne comptait en Algérie que 5,000 marins environ, des diverses catégories ci-dessus désignées. On voit qu'en 11 ans, leur nombre s'est augmenté de près de 600. En 1872, on en comptait 5,232.

Il est à remarquer que, parmi les marins désignés comme Français ou naturalisés, il n'existe que fort peu de nationaux. On pourrait presque dire que ce sont tous des étrangers ayant sollicité et obtenu la nationalité française.

Nous ne rechercherons pas ici les causes qui tiennent les marins français, ceux du Midi surtout, éloignés d'un pays français, aussi rapproché du leur et qui leur offre infiniment plus de ressources, ni comment les pêcheurs de nos côtes méditerranéennes, ne sont pas venus exploiter les richesses des eaux de l'Algérie, alors surtout que toutes sortes d'avantages leur étaient offerts pour les engager à venir s'y fixer. Mais nous constaterons que, malgré l'exemption de levée pour le service de l'Etat, la gratuité de la pêche du corail et des concessions de pêcheries sédentaires, etc., dont ils jouissent en Algérie, ils ont laissé aux marins et pêcheurs Italiens, Espagnols et Maltais, le monopole de la navigation et de la pêche, dont ces derniers ont su tirer le meilleur parti.

Quand l'Algérie sera mieux connue des populations maritimes de France, peut-être cet état de choses changera-t-il.

VII

Les mouvements d'entrée et de sortie dans les ports de nos possessions du Nord de l'Afrique présentent, entre 1866 et 1877, les différences suivantes :

En 1866, le nombre des entrées était de 4,670 seulement, tandis qu'en 1877 il s'est élevé à 7,704.

D'où résulte un accroissement de 3,034 navires entrés en plus dans les ports de la colonie.

La quantité de marchandises importées ou exportées a été naturellement la cause de cette augmentation.

Les statistiques publiées par le service des Douanes nous montrent, en effet, que chaque année voit s'augmenter le trafic de la colonie.

Les marchandises importées en Algérie en 1876, se sont élevées, en valeur, à............ 213.532.396 fr. chiffre qui présente sur celui des importations de 1873 une amélioration de 6,800,000 francs.

Le chiffre des exportations, pendant la même année 1876, a atteint....... 166.530.581

380.062.977 fr.

Le mouvement général des entrées et des sorties s'est donc élevé, pour 1876, à 380 millions environ et tend chaque jour à augmenter.

Les marchandises importées consistent principalement en tissus, denrées que l'Algérie ne produit pas ou produit peu, objets manufacturés, papiers, bois de construction et autres, métaux bruts et ouvrés et denrées coloniales.

Les produits exportés sont les céréales, les bestiaux, les laines, certaines plantes textiles et surtout l'alfa dont le commerce prend une très grande importance, le tabac et divers autres produits de l'agriculture.

Ces chiffres méritent de fixer l'attention; ils sont la preuve la plus évidente de la prospérité de la colonie.

Les mouvements du cabotage algérien ont donné lieu au transport de 41,500 tonneaux de marchandises entre les différents ports.

Une comparaison intéressante à faire, et qui confirme la progression croissante des opérations maritimes, est celle du chiffre des exportations et importations actuelles avec celui des premières années de l'occupation.

On voit, en effet, que, pendant la période de **1830 à 1840**, le total général du mouvement s'est élevé à 171,000,000 de francs, environ.

Nous venons de dire qu'il était **pour 1876** de 380,000,000 de francs, soit plus du double, pour une seule année, de celui des dix premières années.

Comparé à la seconde période décennale (1840 à 1850), le mouvement actuel, par année, est cinq fois plus considérable.

La valeur totale des marchandises importées ou exportées depuis 1830, s'élève à plus de 7 milliards.

VIII

Le total des embarcations construites en Algérie, de 1866 à 1876, a été de 335, d'une portée de 1,344 tonneaux.

En 1866 on y a construit	78 bateaux jaugeant 311 tonneaux.		
En 1870 —	88	—	297 —
En 1873 —	132	—	609 —
En 1876 —	37	—	124 —

La construction est allée croissant de 1866 à 1873 où elle atteint son maximum. En 1876, elle tombe à plus de la moitié au-dessous du chiffre des constructions de 1866. Elle est donc bien loin d'éprouver une impulsion croissante.

En prenant ces chiffres dans leur ensemble, on remarque que le tonnage moyen des bateaux construits en Algérie, pendant ces dix ans, ne s'élève qu'à 4 tonneaux environ ; d'où il résulte qu'on n'y construit que de petites embarcations.

Sans chercher à approfondir les motifs qui empêchent l'essor de la construction maritime en Algérie, on peut, tout d'abord, les rattacher à trois causes : 1° la cherté de la main-d'œuvre ; 2° celle des matières premières que l'on tire de France ou de l'étranger ; 3° la facilité de se procurer en France, en Espagne ou en Italie les bâtiments et bateaux nécessaires.

Les causes de la décadence subite de la construction dans les ports d'Algérie, pendant ces dernières années, sont plus difficiles à expliquer. On peut cependant l'attribuer, pour une bonne partie, au régime que le décret du 1er juin 1864 a imposé à la pêche du corail.

D'après l'article 3 de ce décret, les bateaux au-dessous de 6 tonneaux, *construits en Algérie*, étaient exonérés de la patente de 300 ou 400 francs imposée aux bateaux étrangers.

Cette condition de construction en Algérie engagea alors bien des pêcheurs et des armateurs à la pêche du corail à faire faire leurs bateaux en Algérie, pour être exemptés des droits. De là une certaine élévation dans le chiffre des constructions, au moment de l'application du décret précité, surtout à Bône et à La Calle, où s'exerce la pêche du corail.

Il ne s'ensuit pas cependant que la colonie ait bénéficié de l'accroissement qui s'est produit par ce fait dans les constructions de bateaux. Les étrangers, les Italiens surtout, ont su éluder les prescriptions du décret en apportant de leur pays des embarcations au-dessous de six-tonneaux, construites de toutes pièces et démontées. Elles étaient débarquées par pièces, comme bois de construction, et assemblées ensuite, le plus souvent par ceux-là même qui les avaient apportées.

Pas un clou n'était acheté en Algérie ; pas une journée d'ouvrier de la colonie n'était employée à remonter ces bateaux qui sont cependant considérés comme ayant été construits dans les ports Algériens.

En déduisant leur nombre de celui des 335 bateaux faits de 1866 à 1876, on voit que la construction maritime est presque nulle en Algérie.

Rien ne fait prévoir, pour le moment, qu'elle puisse prendre un jour quelque importance.

X

Ainsi que nous l'avons dit plus haut, les bâtiments de l'Etat, qui étaient d'abord seuls à faire un service périodique, ont continué ce service sur les côtes de l'Algérie jusqu'au mois de juillet 1866.

A cette époque ils étaient encore au nombre de 4 :

La *Gorgone*, corvette de 300 chev. d'une val. de   986.000 f.
L'*Euménide*,   id.   id.   922.000
Le *Tanger*,   id.   id.   1,088,243
Le *Météore*, aviso de 160 chevaux   Id.   809.000

A partir du 1er juillet 1866, ces bâtiments ont été remplacés par des paquebots de la Compagnie des Messageries Maritimes.

Cette Compagnie a employé, en 1866, au service entre la France et l'Algérie et entre Alger et les ports de l'Est et de l'Ouest, 10 bâtiments d'une jauge moyenne de 560 tonneaux et d'une valeur approximative de 800,000 fr. pour chaque bâtiment.

A côté du service postal, 10 autres bateaux à vapeur de la Compagnie mixte et de la Compagnie des transports maritimes, les premiers jaugeant en moyenne 395 tonneaux et les autres 542 tonneaux, ont effectué des voyages périodiques pendant la même année.

En 1866, il existait donc 20 bateaux (ceux de l'Etat non compris), jaugeant ensemble 10,285 tonneaux, et d'une valeur approximative de 19 millions 200,000 francs.

En 1876, le nombre des bateaux avait plus que doublé ; il était de 48, jaugeant en moyenne 560 tonneaux ; soit une jauge totale de 26,875 tonneaux ; la valeur de ces bâtiments est évaluée approximativement à 34 millions environ.

Ces navires, tous paquebots à vapeur, appartenaient à diverses compagnies françaises et étrangères et, notamment, à celles :

Des Messageries maritimes ; de Navigation mixte ; Valéry, frères et fils ; des Transports maritimes ; à la Compagnie Péninsulaire et Algérienne, etc.

Il existe aujourd'hui, desservies par d'excellents paquebots à vapeur, les lignes suivantes :

D'Alger à Marseille ;

— à Marseille et Cette ;

— aux ports de la côte Est d'Algérie (allant jusqu'à Tunis).

D'Oran à Marseille ;

— à Tanger, Gibraltar et Cadix ;

de Mostaganem à Cette, par Arzew et Oran ;

de Philippeville à Marseille ;

de Bône à Marseille.

A différentes reprises, un service de paquebots a fonctionné entre Oran et Carthagène et aussi entre les îles Baléares et Alger (dans la belle saison), mais ces lignes n'ont pas un caractère permanent et régulier.

Nous n'avons parlé que des bateaux à vapeur, aucun navire à voiles ne faisant un service périodique ; mais entre les ports d'Algérie, il existe un cabotage qui se fait d'une manière régulière ou à peu près, par balancelles algériennes. Des bateaux pêcheurs même desservent certains points peu importants et rapprochés des centres, tels que Collo et Herbillon. Leur va-et-vient continuel entre ces points et les ports de Philippeville et de Bône est utilisé pour les communications. Quelques bâtiments de France et un assez grand nombre de balancelles espagnoles arrivent aussi presque régulièrement (surtout en été) ; mais il est impossible d'indiquer le nombre, le tonnage ou la valeur de tous ces bâtiments à voiles qui se confondent avec ceux qui viennent accidentellement dans les ports de la colonie.

Les données qui précèdent montrent combien le besoin de communications rapides et assurées s'est fait sentir depuis quelques années. Le capital engagé dans ces entreprises a presque doublé en dix ans, et tend à augmenter. Une nouvelle ligne, en effet, est projetée entre l'Algérie et Port-Vendres, et on commence à trouver insuffisants le nombre des courriers hebdomadaires.

Tout fait prévoir la continuation de la progression qui s'est manifestée dans cet élément important de prospérité.

X

Divers points du littoral algérien commencent à être munis d'appareils et engins de sauvetage qui ont déjà rendu des services, et seront encore utilisés à porter secours dans bien des naufrages.

Il existe actuellement :

4 canots insubmersibles (2 à Alger, l'un à la Société des Sauveteurs et l'autre au service du pilotage; 1 à Bône, à la Société centrale de Sauvetage des Naufragés et 1 à la Direction du port de La Calle);

5 postes de secours de 1re classe avec canons porte-amarres et tous les accessoires ;

12 postes de 2e classe avec fusils porte-amarres ;

19 — de 3e classe avec ceintures de sauvetage, etc.;

4 boîtes pour secours aux noyés.

Presque tous ces engins ont été placés par la Société centrale entre les mains du service des Douanes dont les agents, toujours au guet, rivalisent de dévouement dans les sinistres, avec ceux de la Marine et des ports de commerce.

XI

Nous aurions maintenant à donner quelques détails sur la pêche du corail et sur celle du poisson. Mais cet objet est traité dans une Notice spéciale (1) à laquelle nous ne pouvons que renvoyer le lecteur.

---

(1) COMMISSION SCIENTIFIQUE D'ALGER. Notice sur la pêche du corail et des poissons.

XII

De l'exposé qui précède, il ressort ce fait bien démontré par des chiffres, que l'importance de la marine en Algérie n'a fait que s'accroître depuis la conquête. Tout fait présumer qu'elle s'accroîtra encore. L'impulsion donnée à la colonisation, la création de nouveaux centres, l'augmentation de la population, amèneront inévitablement des améliorations constantes dans les communications par mer. Le poisson, aliment de première nécessité, deviendra toujours plus abondant à mesure que la population augmentera, car le nombre des pêcheurs augmentera aussi. On le sait, c'est la pêche qui forme les hommes de mer ; le nombre des marins augmentera donc. Déjà beaucoup de pêcheurs et de marins sont fixés en Algérie sans aucun esprit de retour dans leurs pays. Un assez grand nombre a même demandé et obtenu la naturalisation française. Les enfants des uns comme des autres, c'est-à-dire de ceux qui sont naturalisés et de ceux qui sont restés étrangers, sont élevés avec les nôtres et apprennent à aimer la France.

Il est à espérer que cette nouvelle génération se fondra avec la population française, et si, plus tard, elle est appelée à servir sur nos bâtiments, on trouvera là une pépinière de bons marins qui, au besoin, verseront généreusement leur sang pour leur patrie d'adoption.

Alger, le 18 février 1878.

Le Commissaire,
Chef du Service administratif de la Marine,
F. GRIFFON DU BELLAY.

www.ingramcontent.com/pod-product-compliance
Lightning Source LLC
LaVergne TN
LVHW050247030726
842520LV00006B/2231